1913 - Décembre 12

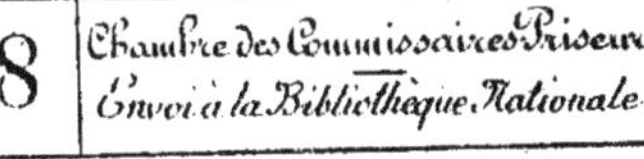

VENTE

Du Vendredi 12 Décembre 1913

HOTEL DROUOT, SALLE N° 7

A DEUX HEURES

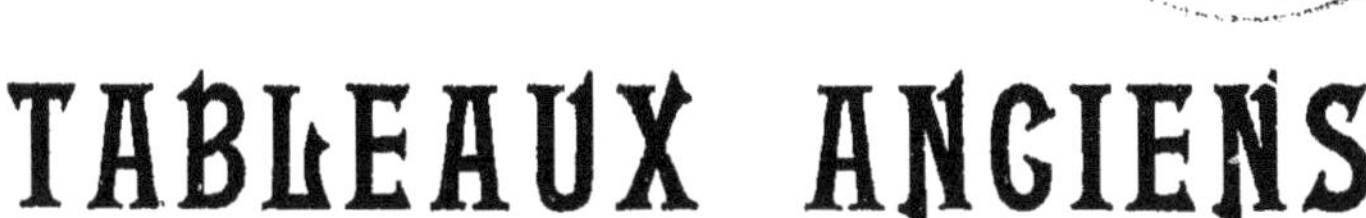

TABLEAUX ANCIENS

ET MODERNES

Aquarelles, Dessins, Pastels

GRAVURES

COMMISSAIRE-PRISEUR

Me HENRI BAUDOIN

Successeur de M. Paul CHEVALLIER

EXPERT

M. JULES FÉRAL

CATALOGUE

DES

Tableaux Anciens

ET MODERNES

DES ÉCOLES FLAMANDE, FRANÇAISE, HOLLANDAISE ET ITALIENNE

Aquarelles, Dessins, Pastels

GRAVURES

DONT LA VENTE AURA LIEU A PARIS

HOTEL DROUOT, SALLE N° 7

LE VENDREDI 12 DÉCEMBRE 1913

A deux heures

COMMISSAIRE-PRISEUR
Me HENRI BAUDOIN
Successeur de M. Paul CHEVALLIER
10, rue de la Grange-Batelière

EXPERT
M. JULES FÉRAL
7, rue Saint-Georges
PARIS

EXPOSITION PUBLIQUE

Le Jeudi 11 Décembre 1913, de 2 heures à 6 heures

CONDITIONS DE LA VENTE

Elle sera faite au comptant.

Les adjudicataires paieront *dix pour cent* en sus des enchères.

Paris. — Imp. de l'Art, Ch. Berger, 41, rue de la Victoire

DÉSIGNATION

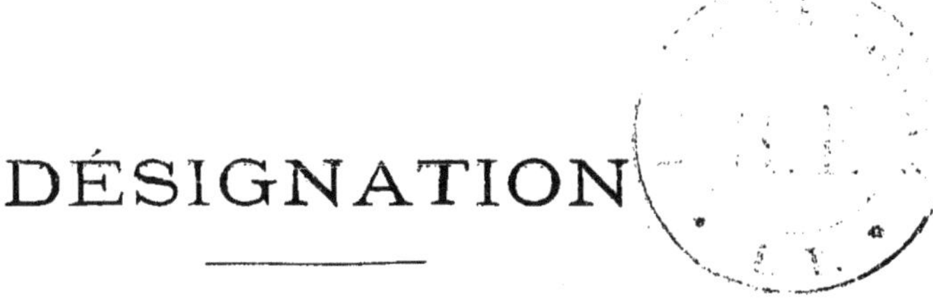

GRAVURES

BONNET

1 — *Jeune Femme, coiffée d'un chapeau à plumes.*

Gravure en couleurs.

CARO-DELVAILLE

2 — Estampe, rehaussée de pastel, avec signature de l'artiste.

DAULLÉ

3 — *Portrait de La Peyronie.*

Gravure.

ÉCOLE ANGLAISE

4-5 — *Vues de Paris et des environs.*

Deux gravures, d'après Rigaud.

GAILLARD

6 — *Portrait de La Martinière.*

Gravure.

JANINET

7 — *L'Amour rendant hommage à sa mère.*

Gravure en couleurs, d'après Boucher.

JANINET

8 — *Adam et Ève.*

Gravure en couleurs, d'après Lebarbier.

OSTADE

(D'après ADRIEN VAN)

9 — *Intérieur hollandais.*

Gravure, par Cornelis de Visscher.

SCHAAL
(D'après)

(DEUX PENDANTS)

10 — *La Défaite.*

11 — *La Conviction.*

Deux gravures, par MARCHAND.

VERNET
(HORACE)

12 — *Arlésienne.*

Gravure en couleurs, par GATINE.

13 — Gravures des Écoles anglaise et française.

14 — Gravures, par ou d'après : REMBRANDT, COSWAY, DESRAIS, BARTOLOZZI, RIGAUD, etc.

15-16 — Deux lithographies en couleur.

AQUARELLES

DESSINS, PASTELS

BOUCHER

(École de FRANÇOIS)

17 — Composition mythologique.

Dessin au crayon noir et à l'estompe, rehaussé de sanguine.

BOUDIN

18 — *Femme de Rotterdam.*

Aquarelle signée à droite des initiales.

CONSTANTIN

(AUG.)

19 à 21 — Trois aquarelles.

DROLLING

22 — *Jeune Fille tenant une souricière.*

Dessin à la sanguine.

ÉCOLE FRANÇAISE

(XVIIIe siècle)

23 — *Portrait d'une Famille.*

Pastel.

ÉCOLE ITALIENNE

(XVIIe siècle)

24 — *Le Christ bénissant la Vierge.*

Aquarelle gouachée.

ÉCOLE ITALIENNE

25 — *Portrait de Michel-Ange.*

Dessin aux crayons de couleur.

CILLOT

(Attribuée à CLAUDE)

26 — *Jeu d'Enfants.*

Sanguine.

GUYS

(CONSTANTIN)

27 — *Femmes devant leur porte.*

Dessin à la plume lavé d'encre de Chine.

GUYS
(CONSTANTIN)

28 — *Cavalier et Amazone.*

Dessin au lavis d'encre de Chine.

HARPIGNIES

29 — *Vue de Cannet.*

Aquarelle signée et datée : *1896.*

MONNIER
(Attribué à HENRI)

30 — *Deux personnages avec la légende : « Jolie femme... c'est une princesse ? C'est une drôlesse. »*

Dessin à la plume.

NATTIER
(D'après JEAN-MARC)

31 — *Jeune Femme en Source.*

Pastel.

NATOIRE
(CHARLES)

32 — *Vue de la Villa d'Este.*

Dessin au lavis d'encre de Chine rehaussé d'aquarelle.

Signé et daté : *1765.*

NATOIRE

(CHARLES)

33 — **Allégorie de la Musique.**

Dessin au crayon rehaussé de blanc.

PILS

34 — *La Petite Bergère.*

Aquarelle signée et datée : *1871*.

TABLEAUX MODERNES

CABANEL
(ALEXANDRE)

35 — *Fileuse.*

CIROU
(PAUL)

36 — *Femmes Arabes.*

Monogrammé et daté : *Alger, 1906.*

CIROU
(PAUL)

37 — *La Neige.*

Signé à droite, en bas.

CRAPELET
(P.-A.)

38 — *Repos de Paysans italiens.*

SCHREIBER

39 — *Paysannes italiennes.*

Signé à gauche.

ECOLE MODERNE

40 — *La Jeune Femme au chien.*

Peinture fixée sur verre.

ÉCOLE MODERNE

41 — *Paysage avec tombereau sur une route.*

MADOU

(JEAN-BAPTISTE)

42 — *La Lecture des nouvelles.*

Signé à droite et daté : *1850.*

ÉCOLE FRANÇAISE

(Vers 1830)

43 — *Portrait de Femme en robe rouge.*

TABLEAUX ANCIENS

BELLE

(Attribué à ALEXIS-SIMON)

44 — *Portraits allégoriques.*

BELLOTO

(Genre de BERNARDO)

45 — *Vue de Venise.*

BOL

(Attribué à FERDINAND)

46 — *Sujet biblique.*

BOUCHER

(D'après)

47 — *Le Repos du modèle.*

BOUCHER

(École de FRANÇOIS)

48 — *Amours musiciens.*

BOURGUIGNON

(Attribué à JACQUES-COURTOIS, dit le)

49 — *Choc de cavalerie.*

BRIL

(Attribué à PAUL)

50 — *Paysage avec cours d'eau et figures.*

CARO

(BALTHASAR DI)

51 — *Oiseaux, fruits, fleurs autour d'un bassin.*

Signé en bas à droite.

CODDE

(Attribué à PIETER)

52 — *Le Départ de l'officier.*

CUYLENBURG

53 — *Les Baigneuses.*

CUYP

(Genre D'ALBERT)

54 — *Bergères et animaux au bord d'un étang.*

DE LA RIVE

55 — *Paysans et animaux devant un abreuvoir.*

Signé à gauche et daté : *1811*.

DYCK

(École de VAN)

56 — *Portrait d'Homme en manteau noir.*

Cadre en bois sculpté.

DIETRICH

57 — *Buste d'Homme.*

Cadre en bois sculpté.

ÉCOLE ALLEMANDE

(XVIe siècle)

58 — *Saint Jérôme.*

ÉCOLE ANGLAISE

(XVIIIe siècle)

59 — *Portrait de Femme en corsage jaune.*

ÉCOLE ANGLAISE

60 — *Portrait de Jeune Femme, coiffée d'un chapeau à plumes.*

ÉCOLE FLAMANDE

(XVIIe siècle)

61 — *La Sainte Trinité.*

Toile de forme ovale.

ÉCOLE FLAMANDE

(XVIIe siècle)

62 à 73 — *Un Chemin de croix.*

Douze panneaux.

ÉCOLE FRANÇAISE

(XVIIIe siècle)

74 — *Paysage avec cavalier, figures et animaux.*

Cadre en bois sculpté.

ÉCOLE FRANÇAISE

(XVIIIe siècle)

75 — *Danaé.*

Composition inspirée du TITIEN.

ÉCOLE FRANÇAISE

(XVIIIe siècle)

76 — *Portrait de Femme assise, les mains croisées.*

ÉCOLE FRANÇAISE

(XVIIIe siècle)

77 — *Paysage avec ruines et figures.*

ÉCOLE FRANÇAISE

(XVIIIe siècle)

78 — *Le Pont de pierre.*

ECOLE FRANÇAISE

79 — *La Femme au manchon.*

ÉCOLE FRANÇAISE

80 — *Les Galants vendangeurs.*

ÉCOLE HOLLANDAISE

(XVIIe siècle)

81 — *L'Annonciation aux bergers.*

ÉCOLE HOLLANDAISE

(XVIIe siècle)

82 — *Portrait d'Homme, recouvert d'un manteau jaune.*

Signé : *P. Vilaen.*

ÉCOLE HOLLANDAISE

(XVIIe siècle)

83 — *Portrait de Femme assise.*

Signé : *P. Vilaen.*

ÉCOLE HOLLANDAISE

(XVIIe siècle)

(DEUX PENDANTS)

84-85 — *Vases de fleurs sur des tables de marbre.*

Signés.

ÉCOLE HOLLANDAISE

(XVIIIe siècle)

86 — *Bords d'un canal.*

ÉCOLE ITALIENNE

(XVIIIe siècle)

87 — *L'Arrivée des prisonniers.*

ÉCOLE NÉERLANDAISE

(XVIe siècle)

88 — *La Sainte Famille avec sainte Anne, et fond de paysage avec constructions.*

Cadre en bois sculpté.

FERGUSON

(W.-G.)

(DEUX PENDANTS)

89-90 — *Gibier et ustensiles de chasse.*

Signés et datés : *1682.*

FRANCK

(FRANÇOIS)

91 — *Lucrèce.*

GÉRARD

(École du baron)

92 — *Jeune Homme en habit bleu.*

GIORDANO

(Attribué à LUCA)

93 — *Suzanne et les vieillards.*

GREUZE

(École de J.-B.)

94 — *Jeune Fille en corsage bleu.*

GREUZE

(École de J.-B.)

95 — *Jeune Fille en buste, les mains jointes.*

HACKERT

96 — *La Route au bord de l'eau.*

JORDAENS

(École de)

97 — *Le Satyre chez les paysans.*

KAUFFMANN

(Attribué à ANGELICA)

98 — *Deux Muses.*

KNELLER

(Attribué à G.)

99 — *Portrait de Jeune Femme en robe de brocart blanc.*

Toile de forme ovale.

KNELLER

(Attribué à G.)

100 — *Portrait présumé de la Femme de l'artiste.*

Toile de forme ovale.

LAGRENÉE

(Attribué à JEAN-JACQUES)

101 — *La Bonne aventure.*

LE PRINCE

(XAVIER)

102 — *Entrée de Ferme.*

MALLET

(Attribué à J.-B.)

103 — *La Repasseuse.*

MARTIN

(PIERRE)

104 — *Portrait d'un Officier en armure.*

Cadre en bois sculpté.

MEULEN

(Attribué à VAN DER)

105 — *Un Campement près d'une ville fortifiée.*

MIGNON

(École D'ABRAHAM)

106 — *Fruits sur une table de marbre.*

MOLLER

107 — *Portrait présumé d'Élisabeth, princesse de Lorraine.*

On lit derrière une inscription et la date : *Lunéville, 1732.*

MOLENAER

(Attribués à JEAN)

(DEUX PENDANTS)

108-109 — *Scènes burlesques.*

MOMPER

(JOSSE DE)

110 — *Paysage montagneux avec figures.*

Cadre en bois sculpté.

MONNOYER

(Attribué à JEAN-BAPTISTE)

111 — *La Salutation angélique, entourée d'une guirlande de fleurs.*

ORLEY

(École de VAN)

112 — *La Vierge et l'Enfant Jésus au chapelet de corail.*

PANINI

(Attribués à)

113 à 116 — Suite de quatre tableaux :
Ports de mer.
Paysages avec ruines et figures.

POTTER

(D'après)

117 — *Vaches au pâturage.*

POURBUS

(École des)

118 — *Portrait d'Enfant tenant un hochet.*

POURBUS

(École des)

119 — *Portrait de Femme parée de bijoux d'orfèvrerie.*

POUSSIN

(École du)

120 — *Un Sacrifice.*

RAOUX

(Attribué à JEAN)

121 — *La Leçon de musique.*

RICCI

(Attribué à SÉBASTIANO)

122 — *Figure en buste, coiffée d'un casque.*

RIGAUD

(Attribué à H.)

123 — *Portrait d'Homme en vêtement jaune doublé de brocart d'or.*

Cadre en bois sculpté.

SANTERRE

(Attribué à)

124 — *Portrait de Femme.*

Elle a les mains jointes et la tête couverte d'un manteau bleu.

SAVERY

(ROELANDT)

125 — *Cerfs au bord d'un torrent.*

SCHOVAERTS

(M.)

126 — *Un Marché dans un port de mer.*

VERNET
(Attribué à JOSEPH)

127 — *Vue d'un Port de la Méditerranée.*

VERNET
(École de JOSEPH)

128 — *Scène de naufrage.*

VERNET
(École de JOSEPH)

129 — *Le Retour de la Pêche.*

VENNE
(Genre de VAN DER)

130 — *Le Concert après diner.*

VONCK
(ÉLIAS)

131 — *Perdreaux et petits oiseaux morts.*
Signé en bas et à droite.

WATTEAU
(École d'ANTOINE)
(DEUX PENDANTS)

132 — *La Partie de dés.*

133 — *Le Déjeuner au jambon.*

WERFF

(PIERRE VAN DER)

134 — *Portrait de Femme couverte d'un manteau rouge*

Signé à droite et daté : *1715.*

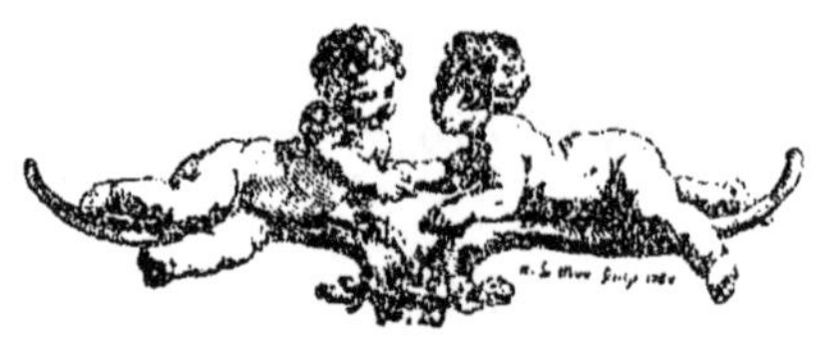

www.ingramcontent.com/pod-product-compliance
Ingram Content Group UK Ltd.
Pitfield, Milton Keynes, MK11 3LW, UK
UKHW020528180726
13839UKWH00005B/2380

9 782329 517438